Dieses Buch gehört

KEVIN

D1722235

♥ Für Lily ♥

ISBN 3-517-01087-1

© 1988 by Sophie Windham.
Created and produced by Sadie Fields
Productions Ltd., 8 Pembridge Studios,
27A Pembridge Villas, London W11 3EP England.
Aus dem Englischen übersetzt von Uta Angerer.
Alle Rechte der deutschsprachigen Ausgabe
1988 bei Südwest Verlag GmbH & Co. KG, München.

Printed in Italy

Die Arche Noah

Sophie Windham

Südwest

Noah benahm sich recht seltsam.
Manchmal blickte er nach oben und nickte.
Manchmal blickte er nach unten und runzelte die Stirn.
Und die ganze Zeit schien er mit sich selbst zu reden.

Aber Frau Noah sagte nichts, bis eines Abends…

…Noah laut rufend auf das Haus zugelaufen kam.

„Es wird regnen. Wir müssen ein Schiff bauen!"

„Würde ein Regenschirm nicht genügen?" fragte Frau Noah.

„Nicht einmal tausend Regenschirme! Wir dürfen keine Zeit verlieren. Es wird regnen und regnen und regnen!"

Draußen der Wind, er blies und blies und blies.

Drinnen saß Noah, er zeichnete und zeichnete und zeichnete.
Als er fertig war, brachte ihm Frau Noah Tee,
und Noah zeigte ihr seine Pläne.
„Es wird eine gewaltige Flut kommen", schnaufte er.

„Nächsten Donnerstag wird es zu regnen anfangen. Sogar die
Gipfel der höchsten Berge werden vom Wasser bedeckt sein."

„Die Menschen haben auf die Welt nicht aufgepaßt

und wir wurden auserwählt, die Tiere zu retten.

Ich habe bereits Holz gesammelt, um eine Arche zu bauen."
Am nächsten Tag sägte Noah das Holz zurecht,

und am Tag danach begann er seine Arche zu bauen.

Als sie fertig war, sagte Noah zu seiner Frau:

„Nun müssen wir alle Tiere einsammeln."

Es gab ungeheuer viele Tiere auf der Welt.

Gestreifte und gepunktete und solche ohne Muster.

Sie nahmen zwei von jeder Art,

jeweils ein weibliches und ein männliches.

Glänzende und haarige und kahle Tiere.

Paarweise gingen sie zu Noahs Arche,

die gerade rechtzeitig fertig geworden war.

Es gab Futter für alle Tiere,

und endlich waren alle gut untergebracht.

Das war keinen Augenblick zu früh,

denn gerade sagte die Sonne „Auf Wiedersehen".

les Himmels öffneten sich

in Strömen.

Und bald
wurden aus Pfützer
aus Teichen wurde
und aus Seen wurd

Und als sich die Meere vereinigten
stürmischen Wassermassen hochgehot

Es regnete vierzig Tage und vierzig Nächte lang.

Ein Sturm folgte dem anderen.

Bis endlich, nach dem schrecklichsten aller Stürme,

der letzte Regentropfen fiel: „Plop".

„Wir sind gerettet!" schrie Noah. „Das Land ist gerettet!

Die Tiere sind gerettet! Und alle Bäume und Blumen!
Die Welt ist gerettet!"

„Hurra!" riefen alle Lebewesen in der Arche.

„Nie zuvor ist mir aufgefallen" sagte Noah,
„wie schön selbst ein kleines Gänseblümchen ist.
Erst, als sie alle verschwunden waren."

„Von nun an müssen wir besser auf die Welt aufpassen",
sagte Frau Noah, „sie ist so schön!"

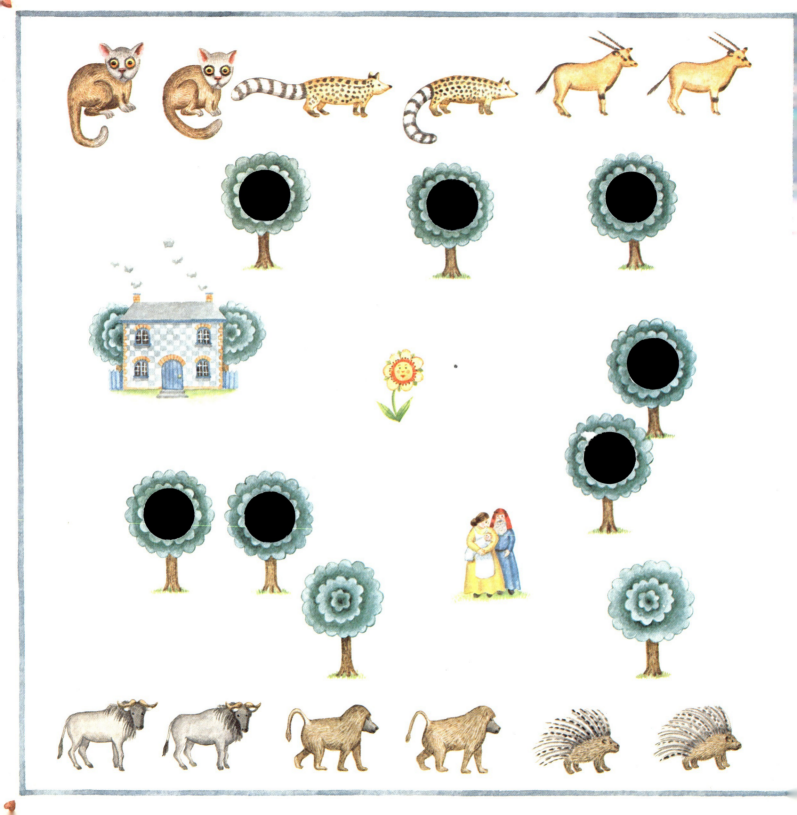